¡¡Cómo suena nuestra Orquesta!!

José Manuel Contreras de Lucas
[Chema Contreras]

Ilustraciones

Maytina

esstudio
ediciones

¡¡Cómo suena nuestra orquesta!!
© José Manuel Contreras de Lucas *[Chema Contreras]*
© Editfuss, S.L. (Esstudio Ediciones)
c/Arroyo de Pozuelo, 109 • 28023 Madrid
© Ilustraciones: Maytina

Diseño editorial: Esstudio Ediciones
Maquetación: «aeiou»
Arreglos musicales: Montxo Contreras
Arreglos percusión: Diego Losada –Creativo Musical Ballet Nacional España–

Primera edición: febrero, 2026
ISBN: 979-13-87638-54-2
Depósito Legal: M-4943-2026
Imprime: Booksfactory, S.L.

El papel utilizado para la impresión de este libro no daña el medioambiente, por lo que está considerado como papel ecológico.

Para todas y todos los amantes de la música.
Para todos y todas las amantes de la poesía.
Para quienes amen la lectura y la música. Y como no,
para mi Luna, mis hijas, mi nieta y mi familia.

Mi nombre es **Carolina**
y como veis soy alta y fina.
Soy una **BATUTA elegante**
además de **buena cantante**.
Me alegra muchííííísimo veros
y estoy encantada de conoceros.

Me gusta jugar y bailar
dar vueltas en el aire y cantar.
Siempre de la mano del **director**
para una **mejor interpretación**.
Todos los instrumentos atentos
hasta que llegue su momento.

Quiero presentaros **tres familias**
todas ellas muy bien avenidas.
Juntas forman una **gran orquesta**
para organizar una **buena fiesta**.
Unos son grandes y otros pequeños
pero nos harán tener bellos sueños.

La familia de **CUERDA**
con ellos siempre se cuenta.
La familia de **VIENTO**
para dar un gran concierto.
La familia de **PERCUSIÓN**
que divierten y dan emoción.

Visitaremos a la familia **CUERDA**
siempre cariñosa y atenta.
Os presentaré a algunos de ellos
son **audaces y aventureros**,
con ellos navegaréis por lejanos mares
y podréis conocer muchos lugares.

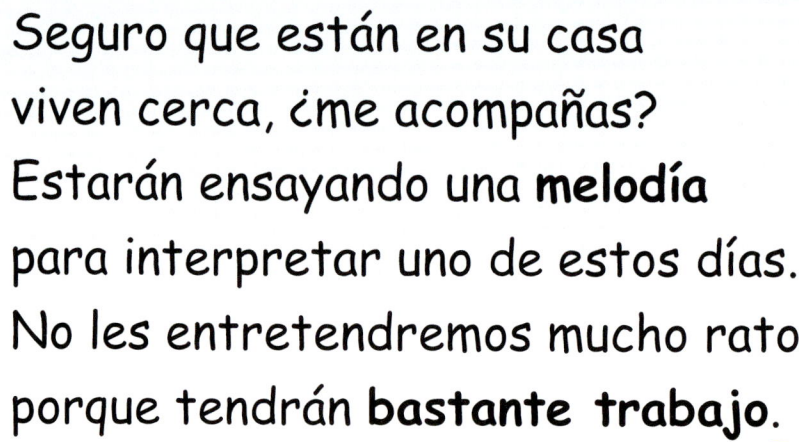

Seguro que están en su casa
viven cerca, ¿me acompañas?
Estarán ensayando una **melodía**
para interpretar uno de estos días.
No les entretendremos mucho rato
porque tendrán **bastante trabajo**.

Aquí tenéis al gran **Serafín**
es nuestro primer **VIOLÍN**.
Aunque parece serio y estirado
es muy divertido y animado,
y si acarician sus **cuerdas**
hace que la magia aparezca.

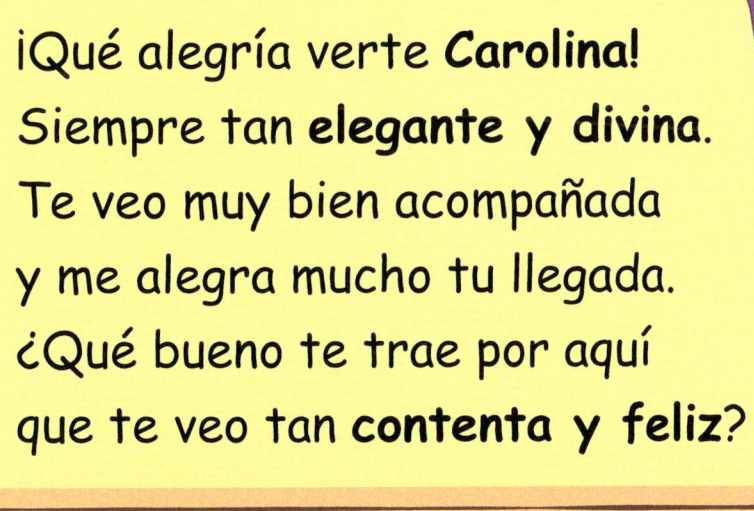

¡Qué alegría verte **Carolina**!
Siempre tan **elegante y divina**.
Te veo muy bien acompañada
y me alegra mucho tu llegada.
¿Qué bueno te trae por aquí
que te veo tan **contenta y feliz**?

Vengo con estas **niñas y niños**
a presentarles a mis amigos,
que conozcan **nuestra ORQUESTA**
por si quieren **hacer una fiesta**.
Primero visitamos vuestra casa
y luego las otras, a ver qué pasa.

Me parece muy buena idea
y así nos **conozcan y sepan**
cómo nos llamamos cada uno
y cómo sonamos algunos.
Podemos hacer **muchos sonidos**
incluso algunos desconocidos.

Esta es mi amiga **Fabiola**
y como podéis ver es una **VIOLA**.
También tiene **cuatro cuerdas**
igual que Serafín ¿te acuerdas?
Y con sus hermanos mayores
interpretan los **mejores acordes**.

Este es su hermano **Alfredo**
y es un excelente **VIOLONCHELO**.
Tiene en su base una **pica** o **puntal**
para en el suelo poderse apoyar.
Su **grave sonido** te recordará
la voz que tienes al despertar.

El cuarto es un **CONTRABAJO**
y le pusieron de nombre **Juanjo**.
Es grande como su hermano Alfredo
y se tocan **apoyados en el suelo**.
Igual hace **jazz**, **pop** o **flamenco**
que protagoniza **un gran concierto**.

Todos tienen **cuatro cuerdas**
verás así que fácil lo recuerdas.
Les gusta que **un arco les acaricie**
para sacar de ellos notas felices.
Unos se apoyan **en el suelo**
y otros se ponen **cerca del cuello.**

Tiene un **puente** y un **cordal**
para así mucho mejor sonar.
Les gusta que pellizquen sus **cuerdas**
para que así el ritmo no pierdas,
a eso se le llama **pizzicato**
que es «*pellizco*» en italiano.

Gracias a **toda la familia**
por ser tan **amable** y **divertida**.
Ya sabemos cómo os llamáis
y lo bien que juntos sonáis.
Esperamos no haber molestado
porque nosotros sí hemos disfrutado.

Siempre a tu disposición
para una próxima reunión.
Espero que a tus **amigas** y **amigos**
les haya resultado entretenido.
Podéis volver cuando queráis
porque nunca nos molestáis.

Visitaremos a la familia **VIENTO**
siempre cariñosos y atentos.
Estos se apellidan **METAL**
y todos suenan fenomenal.
La música sale de la **vibración**
del aire que impulsa su autor.

Seguro que están en su casa
viven cerca, ¿me acompañas?
Estarán ensayando **una melodía**
para interpretar uno de estos días.
No les entretendremos mucho rato
porque tendrán **bastante trabajo.**

Os presento a **Enriqueta**
es una fabulosa **TROMPETA**.
Es de los **VIENTO-METAL**
y su sonido es magistral.
Si interpreta **un solo** alucinas
porque es una maravilla.

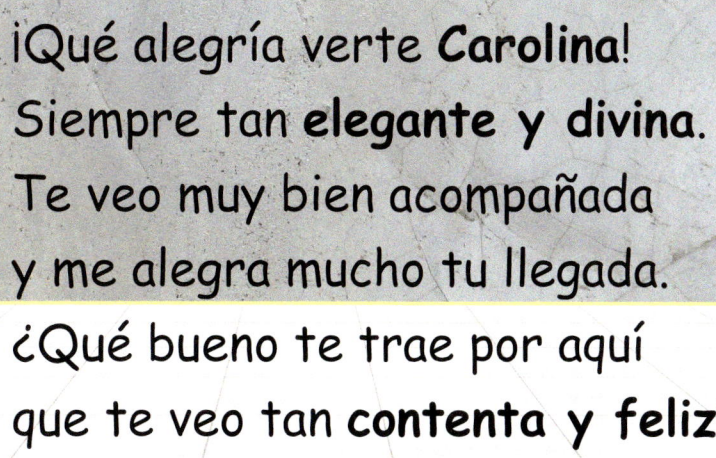

¡Qué alegría verte **Carolina**!
Siempre tan **elegante** y **divina**.
Te veo muy bien acompañada
y me alegra mucho tu llegada.
¿Qué bueno te trae por aquí
que te veo tan **contenta** y **feliz**?

Vengo con estas **niñas y niños**
a presentarles a mis amigos,
que conozcan **nuestra orquesta**
por si quieren **hacer una fiesta**.
Ahora visitamos vuestra casa
y luego otras, a ver qué pasa.

Me parece muy buena idea
y así nos **conozcan y sepan**
cómo nos llamamos cada uno
y cómo sonamos algunos.
Podemos hacer **muchos sonidos**
incluso algunos desconocidos.

Tiene **pulsadores y campana**
anillas y un par de **cañas.**
Pueden usar una **sordina**
para así sonar cosa fina.
Es el instrumento que más suena
de toda esta familia entera.

Este es mi amigo **Ramón**
y como veis es un **TROMBÓN**.
Tiene **boquilla** y **campana**
al igual que su hermana.
Tiene también una **vara**
y suena como si soñaras.

Esta es mi amiga **Luna**
y es una extraordinaria **TUBA**.
Tiene **pistones** y **boquilla**
y suena de maravilla,
e igual que sus hermanas
luce una bonita **campana**.

Y aquí tenéis a **Teopompa**
es una inconfundible **TROMPA**.
Vino de la Grecia antigua
para unirse a su familia.
Tiene **boquilla** y **cilindros**
para sonar de lo lindo.

Gracias a toda la **familia**
por ser tan **amable** y **divertida**.
Ya sabemos cómo os llamáis
y lo bien que juntos sonáis.
Esperamos no haber molestado
nosotros sí que hemos disfrutado.

Siempre a tu disposición
para una próxima reunión.
Espero que a tus **amigas** y **amigos**
les haya resultado entretenido.
Podéis volver cuando queráis
porque nunca nos molestáis.

Visitaremos a la familia **VIENTO**
siempre cariñosos y atentos.
Estos se apellidan **MADERA**
y su música es verdadera.
El sonido sale de la vibración
de unas lengüetas ¡Qué emoción!

Seguro que están en su casa
viven cerca, ¿me acompañas?
Estarán ensayando una **melodía**
para interpretar uno de estos días.
No les entretendremos mucho rato
porque tendrán **bastante trabajo**.

Esta es mi buena amiga **Vera**
y es una **FLAUTA TRAVESERA**.
Es de los **VIENTO-MADERA**
y es una excelente compañera.
No es la del flautista de Hamelín
pero se parece un poquitín.

¡Qué alegría verte **Carolina**!
Siempre tan **elegante** y **divina**.
Te veo muy bien acompañada
y me alegra mucho tu llegada.
¿Qué bueno te trae por aquí
que te veo tan contenta y feliz?

Vengo con estas **niñas** y **niños**
a presentarles a mis amigos,
que conozcan **nuestra ORQUESTA**
por si quieren **hacer una fiesta**.
Ahora visitamos vuestra casa
y luego la última, a ver qué pasa.

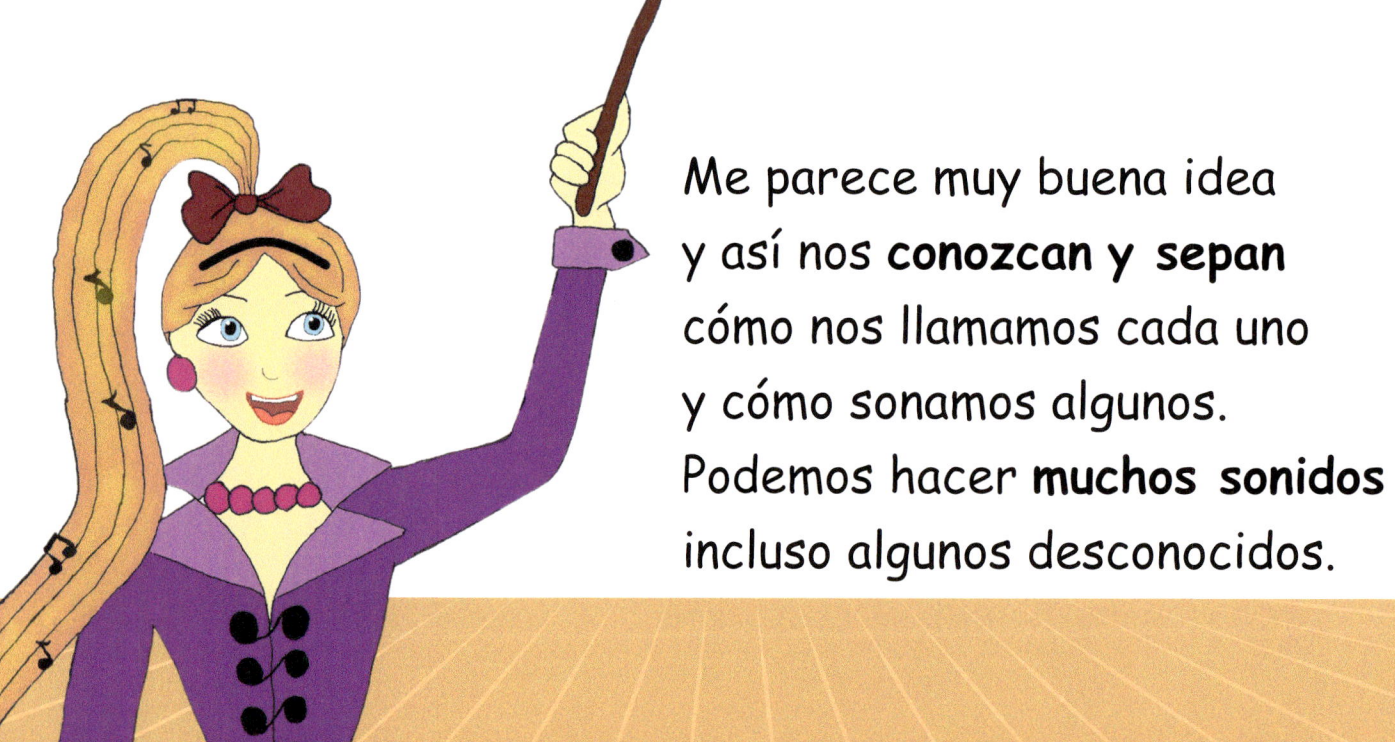

Me parece muy buena idea
y así nos **conozcan y sepan**
cómo nos llamamos cada uno
y cómo sonamos algunos.
Podemos hacer **muchos sonidos**
incluso algunos desconocidos.

Tiene un **cuerpo** alargado
bastante fino y bien formado,
además de un **Agujero de boca**
por donde el flautista **sopla**.
Tiene **llaves** sin ser un llavero
y **corona** sin ser rey o carcelero.

Este es mi gran amigo **Salomón**
y es un extraordinario **FAGOT**.
Tiene **cuerpo central** y **campana**
y su música alegra las mañanas.
Cuenta con un **tudel** y una **tudelera**
para lo que el músico tocar quisiera.

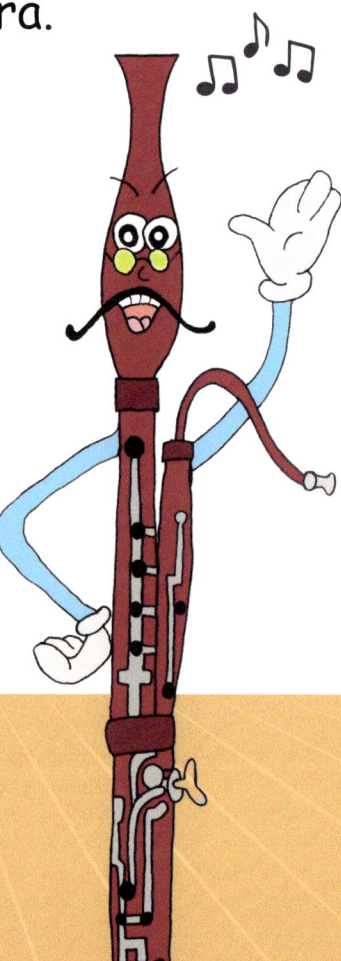

Este tan risueño es **Rinconete**
y como podéis ver es un **CLARINETE**.
Con su **campana**, **boquilla** y **ligadura**
hacen que su música esté a la altura.
Con su **cuerpo**, **llaves** y **barrilete**
disfrutaréis de un sonido de rechupete.

Os presento a mi amigo **Zoe**
que es un magnífico **OBOE**.
Tiene **cuerpo medio** y **superior**
para así poder sonar mejor,
un **pabellón** o **campana**
además de **llaves** y una **caña**.

Gracias a **toda la familia**
por ser tan **amable** y **divertida**.
Ya sabemos cómo os llamáis
y lo bien que juntos sonáis.
Esperamos no haber molestado
porque nosotros sí hemos disfrutado.

Siempre a tu disposición
para una próxima reunión.
Espero que a tus **amigas** y **amigos**
les haya resultado entretenido.
Podéis volver cuando queráis
porque nunca nos molestáis.

Visitaremos a la familia **PERCUSIÓN**
siempre tan cariñosos ¡Qué ilusión!
Se pueden **golpear**, **rascar** o **agitar**
para que así ellos puedan sonar.
Veamos los que podemos encontrar
para que os los pueda presentar.

Seguro que están en su casa
viven cerca, ¿me acompañas?
Estarán ensayando una **melodía**
para interpretar uno de estos días.
No les entretendremos mucho rato
porque tendrán **bastante trabajo**.

Aquí está mi simpático amigo **Pascual**
y como podéis ver es un **TIMBAL**.
Sus hermanos gemelos le acompañan
cuando la orquesta a todos reclama.
Pueden participar dos, tres o cuatro
y hacernos disfrutar un gran rato.

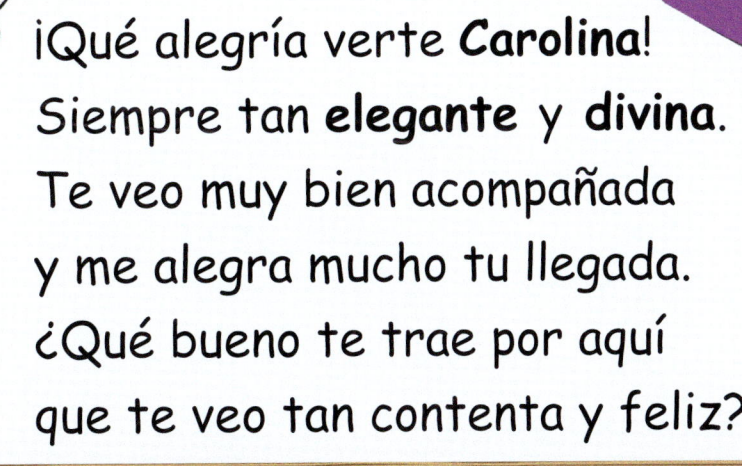

¡Qué alegría verte **Carolina**!
Siempre tan **elegante** y **divina**.
Te veo muy bien acompañada
y me alegra mucho tu llegada.
¿Qué bueno te trae por aquí
que te veo tan contenta y feliz?

Vengo con estas **niñas y niños**
a presentarles a mis amigos,
que conozcan **nuestra ORQUESTA**
por si quieren **hacer una fiesta**.
Ya pasamos por las otras casas
y esta es la que nos faltaba.

Me parece muy buena idea
y así nos **conozcan y sepan**
cómo nos llamamos cada uno
y cómo sonamos algunos.
Podemos hacer **muchos sonidos**
incluso algunos desconocidos.

Es una **caja de cobre** cerrada
en su parte superior con una **membrana**.
Se hace sonar con unas **baquetas**
que el **timbalero** con sus manos sujeta.
Tiene un **pedal** para su sonido **afinar**
como el de los coches para acelerar.

Aquí mi extraordinaria amiga **Pilar**
que es una bella **CAMPANA TUBULAR**.
Tiene **dieciocho tubos de cobre**
para que el sonido ni falte ni sobre.
Se golpea con **uno** o **dos mazos**
con fuerza, pero no a porrazos.

Aquí los gemelos **Camilo** y **Danilo**
que son dos inseparables **PLATILLOS**.
Tienen **campana**, **cuerpo** y **orilla**
y cuando chocan suenan de maravilla,
además de una correa de sujeción
para una más cómoda interpretación.

Esta bella y sonora **PANDERETA**
es mi sonriente amiga **Petra**.
Tiene **arco de madera** y **membrana**
para animar la tarde o la mañana,
además de varios pares de **sonajas**
para hacer buena música ¡Qué majas!

Gracias a **toda la familia**
por ser tan **amable** y **divertida**.
Ya sabemos cómo os llamáis
y lo bien que juntos sonáis.
Esperamos no haber molestado
nosotros sí que hemos disfrutado.

Siempre a tu disposición
para una próxima reunión.
Espero que a tus **amigas** y **amigos**
les haya resultado entretenido.
Podéis volver cuando queráis
porque nunca nos molestáis.

Y ahora yo, en la mano del **DIRECTOR**
frente a todos ellos ¡Qué emoción!
Cada cual junto con su familia
atentos a que **comience la sintonía**,
que divertirá a todos los presentes
que ya están esperando impacientes.

De vosotras y vosotros me despido
y espero que durante este recorrido,
por los **instrumentos de una ORQUESTA**
para organizar una buena fiesta,
hayáis pasado un rato divertido
al haber conocido a mis amigos.

¿Qué has aprendido con este cuento?

_____

_____

_____

Dibuja el instrumento que más te ha gustado

Esta edición de *¡¡Cómo suena nuestra Orquesta!!*
de José Manuel Contreras de Lucas
[Chema Contreras] se terminó de editar en Madrid,
en el mes de febrero de 2026